An diesem Sonntagmorgen wachte Lisa schon ganz früh auf.
Sie wusste, dass es ein ganz besonderer Tag war.
Jetzt hieß es, zu warten ...

Als dann endlich die Tür aufging, traute Lisa ihren Augen kaum: Mama, Papa und ihr Bruder Lukas kamen mit einer riesigen Torte herein. Und es war eine besondere Torte, eine mit sechs Kerzen. Aber das, was sich in der Mitte der Torte befand, war das Allerbeste: In leuchtenden Farben war mit Zuckerguss ein Geißbock aufgemalt!
Lisa schaffte es, die Kerzen mit einem Mal auszupusten. „Jetzt darfst du dir was wünschen", sagte Mama, und das fiel Lisa nicht sehr schwer, denn schon lange hatte sie einen besonderen Wunsch. Papa grinste. „Ich glaube, ich kann Gedanken lesen", sagte er und gab ihr einen geheimnisvollen Briefumschlag. Lisas Herz pochte ganz schnell, als sie ihn öffnete, und noch ein bisschen schneller, als sie sah, was sich in dem Umschlag befand. „Hurra!", rief sie. „Eine Eintrittskarte für ein Heimspiel des 1. FC Köln, meinem Lieblingsverein!" „Du darfst heute zum ersten Mal mit uns ins Stadion", erklärte ihr Lukas. Ihr Bruder war schon acht Jahre alt und hatte mit Papa bereits viele Heimspiele besucht. Er kannte sich aus. Dann gab Lukas seiner Schwester ein Paket, das sie sofort auspackte. „Mein erstes FC-Trikot", rief sie begeistert und zog es sich gleich über den Schlafanzug. „Es ist noch etwas groß, aber du wirst schon noch hineinwachsen", versprach Mama.

Am frühen Nachmittag war es dann so weit. Lisa, Lukas und Papa waren schon etwas eher losgefahren. „Dann sind die Sonderzüge der KVB noch nicht so voll“, hatte ihr Lukas erklärt. „Außerdem haben wir dann noch genügend Zeit, dir alles zu zeigen, bevor das Spiel anfängt.“

Nachdem sie aus der Bahn gestiegen waren, mussten sie nicht mehr weit gehen. Lisa traute ihren Augen kaum, als sie das RheinEnergieStadion sah. Sie hatte es schon oft auf Fotos in Lukas' Zimmer gesehen, aber schon von Weitem war es viel, viel eindrucksvoller. „Du musst es erst einmal im Dunkeln sehen“, prahlte Lukas. „Dann leuchten die Ecktürme ganz hell.“

Je näher sie dem Stadion kamen, desto voller wurde es. Schon jetzt feuerten einige Fans ihre Mannschaft mit lautstarken Gesängen an. Lisa wurde es dabei schon ein bisschen mulmig, aber zum Glück hatte Papa das sofort bemerkt. „Gib mir einfach deine Hand, dann können wir uns nicht verlieren“, beruhigte er sie.

7
10
COLONIA

Dann betraten sie den unteren Bereich des Stadions. Dort verteilte jemand kostenlose Zeitschriften. „Dürfen wir uns ein GeißbockEcho holen?“, fragte Lukas. Papa erlaubte es, und sofort liefen sie los. Lukas warf als Erster einen Blick hinein. Im GeißbockEcho standen alle Neuigkeiten über den 1. FC Köln und auch alles, was man über das Spiel an diesem Tag wissen musste. „Und weißt du, was das Tollste ist?“, fragte Lukas und wandte sich an seine Schwester. „Seit heute bist du Mitglied im FC-KidsClub.“ Lisa schaute Lukas und Papa mit großen Augen an. „Onkel Paul hat dich im KidsClub angemeldet. Von jetzt an hast du eine eigene FC-Mitgliedskarte. Außerdem bekommst du das GeißbockEcho zu jedem Heimspiel zugeschickt. Und mit etwas Glück kannst du vielleicht auch einmal mit einem deiner Lieblingsspieler zusammen ins Stadion einlaufen.“ „Das ist ja super!“, freute sich Lisa wie verrückt.

S15
S16
Tribüne Süd
10
1. F C
COLONIA
1. FC
COLONIA

„Limo und Würstchen für alle!“, rief Papa, und sie stellten sich an einen der vielen Imbiss-Stände an. Musik aus Lautsprechern war zu hören. Es war vor allem Musik, die Lisa aus der Karnevalszeit kannte. Einige Lieder hatte sie auch schon einmal zusammen mit Lukas auf seiner Fan-CD gehört.

Immer mehr Menschen strömten ins Stadion, und Lisa konnte es kaum mehr erwarten, endlich ins Innere des Stadions zu kommen. Papa bemerkte ihre Ungeduld, und so gingen sie schon bald zu ihren Plätzen.

Wurst
Wurst

Das Stadion war ja schon von außen sehr beeindruckend gewesen, aber von innen betrachtet war es unbeschreiblich. Lisa hatte noch nie so viele Menschen auf einmal gesehen. Papa erklärte ihr, dass es fast fünfzigtausend Zuschauer waren. Als sie auf den Rasen blickte, blieb ihr fast das Herz stehen. Sie hatte die FC-Spieler bisher immer nur im Fernsehen oder auf Fotos gesehen, aber noch nie in echt. Jetzt aber liefen sie auf dem Spielfeld hin und her und schossen sich Bälle zu. „Es ist wichtig, dass sich die Spieler vor dem Anpfiff aufwärmen", belehrte Lukas seine Schwester, „damit sie sich nicht so leicht verletzen." Dann stupste er sie an. „Guck mal, da ist Hennes!" Und tatsächlich entdeckte Lisa am Spielfeldrand an einer Leine den lebendigen Geißbock, das Maskottchen ihres Lieblingsvereins.
Auf einmal wurden sie von einer lauten Stimme begrüßt. Lisa erschrak fast ein bisschen. „Keine Angst, das ist nur der Stadionsprecher", sagte Papa. „Er wird uns während des Spiels über alles Wichtige informieren." Wieder ertönte laute Musik, und plötzlich kamen eine Menge hübsch gekleideter junger Frauen über den Rasen gelaufen und fingen vor ihrem Fanblock, der Südkurve, an zu tanzen. Lukas wusste Bescheid: „Das sind die FC-Cheerleader. Sie bringen schon einmal ein bisschen Stimmung in die Bude."

RHEIN ENERGIE
RHEIN ENERGIE

„Und jetzt, meine Damen und Herren, darf ich Sie bitten, sich von Ihren Plätzen zu erheben! Die Hymne des 1. FC Köln!", ertönte es aus den Lautsprechern. Alle Fans folgten dieser Aufforderung. Das Lied „Mer stonn zo dir, FC Kölle" von den Höhnern zählte natürlich schon lange zu Lisas Lieblingsliedern, und so sang sie zusammen mit Papa, Lukas und Tausenden von Fans aus vollem Halse mit. Das war ein tolles Gefühl. Lisa bekam sogar ein bisschen Gänsehaut. „Nächstes Jahr wünsche ich mir einen Schal", sagte sie, als gegen Ende des Lieds alle ihren Fan-Schal schwenkten. Als der Stadionsprecher vorlas, welche Spieler bei der heutigen Begegnung dabei waren, riefen alle Fans lauthals mit ihm zusammen die Namen der einzelnen Spieler in die Menge. Auch Lisa, Lukas und Papa machten mit. Lisa hatte großen Spaß, denn sie konnte schon lange alle Spielernamen auswendig aufsagen.
Mittlerweile waren die Spieler in der Kabine verschwunden. Dann ging alles ganz schnell. Die Spieler liefen in Begleitung von Kindern erneut ins Stadion ein. „Das möchte ich auch einmal machen", schwärmte Lisa. Die Kinder verließen das Spielfeld, und schon pfiff der Schiedsrichter das Spiel an.

Die Fans aus der Südkurve sangen ihre eingeübten Lieder, um die Mannschaft anzufeuern. Es war von der ersten Minute an spannend. Der FC spielte sehr gut. Die Menge jubelte nach jedem gelungenen Spielzug. Immer wenn der Ball in die Nähe des gegnerischen Tors kam, sprangen alle vor Aufregung von ihren Sitzen.

Und dann war es so weit: Der FC schoss das 1:0. Die Fans schrien „Tooooor!!" und hüpften vor Freude. Einige fielen sich sogar in die Arme. Der Stadionsprecher verkündete begeistert das erste Tor und rief mit lauter Stimme den Namen des Torschützen. Dabei unterstützten ihn alle Fans.

Plötzlich passierte etwas Merkwürdiges. Nacheinander standen die Zuschauer auf und rissen die Arme in die Höhe.

„Die machen eine ‚La Ola'. Das ist spanisch und bedeutet ‚Die Welle'", wusste Lukas. Und tatsächlich sah es so aus, als ob eine große Welle durchs Stadion schwappen würde. Als Lisa an der Reihe war, sprang auch sie so hoch, wie sie konnte.

1. FC
COLOGNE
GEISSBÖCKE

Dann wurde das Spiel des FC auf einmal schlechter. Die Spieler schossen den Ball immer öfter aus Versehen zu einem Spieler der gegnerischen Mannschaft. „Das nennt man Fehlpass", erklärte Papa zähneknirschend. Auch die anderen Zuschauer ärgerten sich über die vielen Fehlpässe. Sie beschwerten sich lautstark bei den FC-Spielern. Einige von ihnen rauften sich sogar die Haare, andere hielten sich die Hände vor ihr Gesicht. „Das tun sie, damit sie das Elend nicht sehen müssen", meinte Papa und seufzte selber kopfschüttelnd. Auch Lisa hätte sich am liebsten die Augen zugehalten. Nur die Fans der gegnerischen Mannschaft jubelten immer lauter. Sie standen in einem kleinen Fanblock auf der anderen Seite des Stadions. Es dauerte nicht mehr lange, da schoss auch die andere Mannschaft ein Tor. Jetzt stand es 1:1. Auch dieses Tor verkündete der Stadionsprecher, doch diesmal klang seine Stimme viel leiser und fast ein bisschen traurig. Alle FC-Fans waren wütend und schimpften auf ihren Lieblingsverein. Dann pfiff der Schiedsrichter die erste Halbzeit des Spiels ab.

COLOGNE
GEISSBÖCKE
KÖLN
KÖLN

Viele Stadionbesucher standen auf und strömten Richtung Ausgang, um sich etwas zu essen oder zu trinken zu kaufen. Lisa und Lukas mussten mal, und so verließen auch sie zusammen mit Papa ihre Plätze. Die Toiletten lagen im äußeren Bereich des Stadions. Papa wartete vor der Türe. Als Lisa schon längst fertig war, stand Lukas noch immer in der Schlange vor dem Herren-WC. Papa wusste warum: „Du hast Glück, denn es besuchen weniger Frauen als Männer das Stadion. Deshalb war es auf deiner Toilette auch nicht so voll wie bei Lukas."
Überall sah Lisa Gruppen von Leuten, die lautstark über das Spiel diskutierten. Als auch Lukas wieder da war, gingen die drei zu ihren Sitzplätzen zurück.

1. FC
KÖLN
1.FC
7
10
1.FC

Die zweite Halbzeit begann nicht sonderlich gut für den FC Köln. Fast wäre Lisa ein wenig traurig geworden. Doch als der FC-Trainer Spieler seiner Mannschaft auswechselte, wurde das Spiel etwas besser. Dann wieder hatte der FC großes Pech. Das eine Mal schossen sie nur knapp am Tor vorbei, das andere Mal trafen sie den Pfosten. Es wurde wieder spannend, und dann lief die letzte Minute des Spiels. Die Fans klatschten wie verrückt, um ihre Mannschaft noch einmal richtig anzufeuern. Schließlich gab es einen letzten Eckstoß für den FC. „Jetzt heißt es, Daumen drücken", bibberte Lukas. Lisa war so aufgeregt, dass sie am liebsten wieder die Hände vor die Augen gehalten hätte. Tapfer schaute sie aber trotzdem hin. Der Spieler nahm Anlauf, schoss den Ball genau auf den Kopf des Stürmers und .... Toooooor!!
Die Fans waren aus dem Häuschen. Sie hüpften, sangen und tanzten vor Freude. Papa rief: „Das ist dein Geburtstagstor!", und Lisa wusste, dass es stimmte. In dem Moment, in dem der Stadionsprecher das 2:1 für den 1. FC Köln verkündete, pfiff der Schiedsrichter das Spiel ab. „Wir haben gewonnen", jubelte Lukas, und alle drei fielen sich in die Arme.

FC
LM

Dann warteten Lisa, Lukas und Papa noch, bis die Spieler zur Südkurve liefen und sich dort applaudierend bei den Fans für die tolle Unterstützung bedankten. Die Fans applaudierten zurück und bedankten sich auf diese Weise bei der Mannschaft für das gewonnene Spiel.
Dann leerte sich das Stadion sehr schnell. Auch Lisa, Lukas und Papa machten sich auf den Weg zurück zur Bahn. Überall konnte Lisa glückliche und feiernde Fans sehen. In der Bahn war es zunächst sehr, sehr voll, aber Lisa machte das nichts aus, denn alle waren gut gelaunt, und sie wusste, dass ihr an Papas Hand nichts passieren würde.

SCHÜLER TICKET
MIT UNS IN DEN ZOO

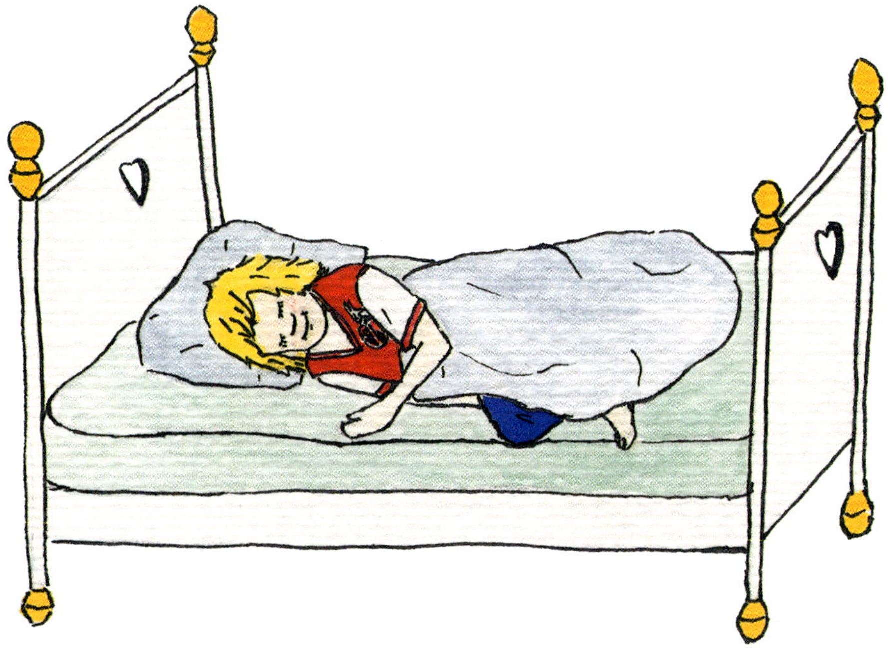

Zu Hause angekommen, erzählte Lisa ihrer Mama noch ganz aufgeregt von den vielen Dingen, die sie im Stadion erlebt hatte. Und auch noch später, als sie schon längst im Bett lag, konnte sie kaum einschlafen, denn sie musste immerzu an eines denken: an ihr Geburtstagstor!

Text und Illustrationen: Annette Schmitz, Jahrgang 1973, lebt in Köln und arbeitet als Erzieherin und freischaffende Künstlerin. Sie ist Mitglied eines FC-Fanclubs und gute Beobachterin im Stadion.

Idee: Andi Schulz, Jahrgang 1970, lebt in Köln und arbeitet als Gastronom und Veranstalter. Das runde Leder begleitet ihn seit seiner frühen Kindheit: Er spielt leidenschaftlich gern Fußball, ist Gründer eines FC-Fanclubs und verfolgt die Höhen und Tiefen des Vereins schon seit vielen Jahren.

1. Auflage 2008

Illustrationen: Annette Schmitz, Köln
Lektorat, Satz und Layout: Inga Menkhoff, Köln
Printed in Italy

ISBN: 978-3-462-03808-8